Ce livre appartient à :

Céleste

Casterman
Cantersteen 47
1000 Bruxelles

www.casterman.com

ISBN : 978-2-203-10745-8
N° d'édition : L.10EJCN000535.N001

Achevé d'imprimer en décembre 2015, en France par Pollina - L74679.
Dépôt légal : mars 2016 ; D.2016/0053/120
Déposé au ministère de la Justice, Paris (loi n°49.956 du 16 juillet 1949 sur les publications destinées à la jeunesse).

martine

en bateau

d'après les albums de Gilbert Delahaye et Marcel Marlier

casterman

Aujourd'hui, Martine part pour New York avec Miss Daisy, son professeur d'anglais. Évidemment, Patapouf l'accompagne pour ce long voyage en bateau.

– Regarde, Patapouf,
notre superbe cabine !
Et nous avons déjà
de la visite...
Martine est contente,
elle ne sera pas
la seule petite fille
parmi les passagers.

MARLIER M

C'est l'heure du départ !
Le bateau, nommé
La Martinique, s'éloigne
peu à peu du quai.
Tous les passagers sont
sur le pont. Martine et
sa nouvelle amie Annie
font signe de la main.

Quelques heures plus tard, le navire est déjà loin. Le soleil se couche à l'horizon, au milieu de jolis nuages roses. La nuit est calme, et Martine dort paisiblement.

Le lendemain, Martine et Annie sont sur le pont à la première heure.

– Bonjour, mes enfants, leur dit le capitaine.

Les deux fillettes sont impressionnées par cet homme sérieux qui commande tout l'équipage.

MARLIER M

Soudain, un vacarme
attire leur attention :
c'est Patapouf qui s'enfuit
des cuisines.
Un homard lui pince le
museau !
– Tu vois, Patapouf,
te voilà bien puni de ta
curiosité, gronde Martine.

Le chef mécanicien propose aux fillettes de visiter la salle des machines. Quel bruit assourdissant ! C'est intéressant d'observer tout ce qui fait fonctionner le bateau.

Sur le paquebot, il y a
même une piscine !
Martine s'amuse dans
l'eau, en surveillant quand
même Patapouf, qui ne
doit pas faire de plongeon.
– De toute façon,
je n'aime pas l'eau,
dit le petit chien.

Pour le repas, Miss Daisy a réservé une table au restaurant. Le maître d'hôtel leur lit le menu. Tout a l'air délicieux, et Martine n'arrive pas à choisir.

MARLIER

Quatorze heures,
c'est l'heure de la sieste.
Allongée au soleil,
Martine somnole.
Elle rêve déjà
de l'Amérique et
des plaines du Far West.

Après ce petit moment de repos, il est temps de jouer ! Annie a apporté des raquettes. Patapouf s'élance pour attraper le volant, mais une grosse vague secoue le navire et...

MARLIER

Boum ! Le petit chien se retrouve un étage plus bas, sur les genoux d'un monsieur endormi.

Celui-ci est furieux d'avoir
été réveillé de la sorte !
– Je vais me plaindre au
capitaine ! déclare-t-il en
roulant de grands yeux
et en frisant sa moustache.

Mais voilà que le temps se gâte. Une tempête s'annonce ! Les vagues éclaboussent le pont, et tout le monde court s'abriter.

Par le hublot, Martine et Annie observent les flots bondir. Patapouf est très effrayé, mais sa maîtresse le rassure : la tempête va bientôt s'apaiser.

Et ouf ! Le monsieur à moustache aura, lui aussi, eu le temps de se calmer !

Martine avait raison :
le beau temps est revenu.
Quatre dauphins
s'amusent à suivre
le bateau et à faire
des cabrioles. Ces clowns
sont les amis des marins !

MARLIER

Après une longue traversée,
on aperçoit enfin la terre.
C'est l'Amérique !
Pendant que Miss Daisy
porte les bagages, Martine

dit au revoir à Annie.

– Nous nous reverrons très vite, promis ! Good-bye !

Titres disponibles

1. **martine** petit rat de l'opéra
2. **martine** un trésor de poney
3. **martine** apprend à nager
4. **martine** un mercredi...
5. **martine** la nouvelle élève
6. **martine** a perdu son chien
7. **martine** à la montagne
8. **martine** fait du théâtre
9. **martine** a une étrange voisine
10. **martine** en classe de découverte
11. **martine** se dispute
12. **martine** déménage
13. **martine** et le cadeau d'anniversaire
14. **martine** monte à cheval
15. **martine** la nuit de noël
16. **martine** est malade
17. **martine** fait ses courses
18. **martine** et un chien du tonnerre
19. **martine** et les lapins du jardin
20. **martine** en bateau
21. **martine** à la mer
22. **martine** et les fantômes
23. **martine** au pays des contes
24. **martine**, princesses et chevaliers
25. **martine** à la maison
26. **martine** et le chaton vagabond
27. **martine** à la fête foraine
28. **martine**, l'arche de Noé
29. **martine** garde son petit frère
30. **martine**, la leçon de dessin
31. **martine** et l'âne Cadichon
32. **martine** fait de la bicyclette
33. **martine** dans la forêt
34. **martine** et les marmitons
35. **martine** au cirque
36. **martine** en voyage
37. **martine** la surprise
38. **martine** baby-sitter
39. **martine** fait du camping
40. **martine** et son ami le moineau
41. **martine** se déguise
42. **martine** protège la nature
43. **martine** fait de la musique
44. **martine** prend le train
45. **martine** en vacances
46. **martine** en montgolfière
47. **martine** au zoo
48. **martine** et le prince mystérieux
49. **martine** en avion
50. **martine** fête maman
51. **martine** à la ferme
52. **martine** et les quatre saisons
53. **martine**, vive la rentrée !
54. **martine** fait la cuisine